Dorothée BASOSILA

Ces Hommes d'Etat sur mon Chemin

Dorothée BASOSILA

Ces Hommes d'Etat sur mon Chemin

Envie d'écrire aux PrésidentsMitterrand, Chirac et Bernadette, Sarkozy

Éditions Vie

Cover image: www.ingimage.com

Publisher:
Éditions Vie
is a trademark of
Dodo Books Indian Ocean Ltd. and OmniScriptum S.R.L publishing group

120 High Road, East Finchley, London, N2 9ED, United Kingdom
Str. Armeneasca 28/1, office 1, Chisinau MD-2012, Republic of Moldova, Europe
Printed at: see last page
ISBN: 978-613-9-59346-0

Ces Hommes sur mon Chemin

Mitterrand
Chirac et **B**ernadette
Sarkozy

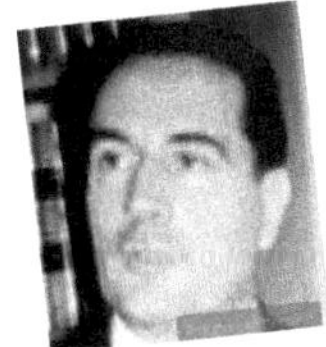
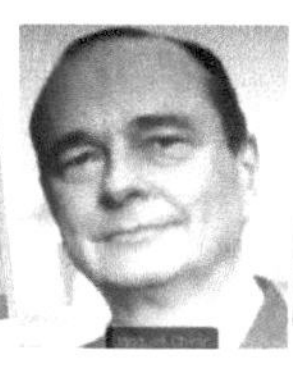
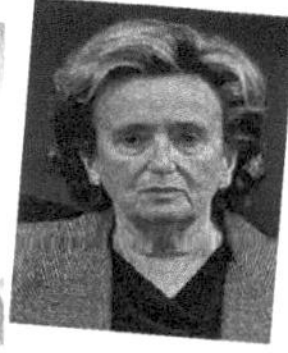

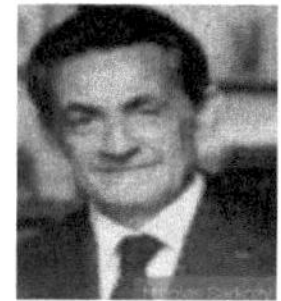

Ma reconnaissance est un sentiment légitime de gratitude et de respect envers ces hommes d'État et cette grande Dame d'Etat.

Introduction

Ce livre est une reconnaissance touchante envers ces trois hommes d'État. Elle ressent toujours une profonde gratitude envers ces hommes qui ont favorablement répondu à ses préoccupations.

Lorsqu'une personne occupe un poste de grande responsabilité, elle est souvent confrontée à des personnes qui lui soumettent leurs doléances. Cependant, il n'est pas toujours facile de répondre aux revendications de chaque individu, car chaque profil présente ses propres défis et préoccupations.

Souvent, les critiques se font quand on n'a pas une responsabilité : le jugement, les critiques prennent le dessus. Ils font la politique de « ôte-toi de là que je m'y mette »

Être à la tête d'un pays implique de vivre pour les autres. Il est nécessaire de s'adapter à de nouvelles activités et de se conformer à un modèle de comportement en raison du pouvoir dont on dispose, y compris les pouvoirs exceptionnels, également appelés "pouvoirs de crise". La Constitution autorise la prise de toutes les mesures nécessaires en cas de péril national. C'est une charge d'une grande importance.

Parfois, ils oublient les problèmes de santé qui peuvent survenir en raison de leurs responsabilités. Un constat notable est que nombreux sont ceux qui souhaitent renouveler leurs mandats, car la loi le permet. La presse se focalise sur la personne en question. Le président représente une institution.

Peut-être pour terminer les projets promis à réaliser pendant son mandat et qui n'ont pas été accomplis, que ce soit par intérêt pour le pouvoir ou pour son pays. Le conseil qu'elle donne est d'effectuer un seul mandat et de profiter du reste de ses jours. Dans tout cela, l'homme aspire quelque part à changer le monde, c'est pourquoi il y a des problèmes, des oppositions et cela crée des divisions.

On constate quelques signes de cela, par exemple avec l'euro en Grèce, en Irlande, en Espagne, au Portugal, et ainsi de suite."

Dans la Bible, il y a une histoire de la Tour de Babel. Les hommes ont décidé de construire une tour afin de se rendre indépendants de Dieu. Cependant, Dieu les avait créés pour vivre ensemble et les hommes étaient devenus orgueilleux, croyant qu'ils étaient suffisamment intelligents pour tout accomplir par eux-mêmes. Ils avaient même oublié Dieu.

Effectivement, selon la croyance religieuse, Dieu est considéré comme le Créateur de l'Univers et il est également attribué à lui l'origine de l'intelligence humaine. Certains pensent que l'homme manque de reconnaissance envers Dieu parce qu'il ne croit pas en lui. Selon cette perspective, si le monde entier croyait en la volonté du vrai Dieu, tout se déroulerait sans difficulté. Il est également suggéré que les hommes devraient réfléchir aux événements qui se déroulent dans le monde aujourd'hui, peut-être dans le contexte de l'absence de valeurs spirituelles ou de la désobéissance aux principes divins.

En effet, il est possible d'observer des problèmes et des difficultés au sein des pays européens et de l'unité européenne, y compris la question de l'unité monétaire européenne. L'auteur exprime son soutien en faveur de l'unité et de la création de l'Europe, et attribue les échecs éventuels à l'égoïsme humain.

Reconnaissance

La reconnaissance est en effet une valeur importante, y compris en politique. Si les hommes et les femmes politiques faisaient preuve de reconnaissance, cela pourrait contribuer à réduire les divisions qui existent actuellement. Malheureusement, il arrive souvent que des postes politiques soient attribués en fonction des relations personnelles plutôt que des compétences. Une fois qu'ils sont au pouvoir et qu'ils sont devenus célèbres, il arrive que certains politiciens oublient rapidement d'où ils viennent et négligent les intérêts de ceux qui les ont soutenus. On peut parfois avoir l'impression que leur principal objectif est de préserver leur propre position de pouvoir plutôt que de servir le bien commun.

Cependant, il est important de souligner que tous les politiciens ne sont pas ainsi, et il existe de nombreuses personnes dévouées et intègres qui cherchent réellement à servir leurs concitoyens. La politique est un domaine complexe et les motivations des individus peuvent varier. Il est essentiel d'encourager la transparence, l'intégrité et la responsabilité dans le domaine politique afin de promouvoir une gouvernance juste et équitable.

Il semble que l'auteur du livre ait cherché à exprimer sa reconnaissance envers trois hommes d'état et une femme remarquable, dont elle a répondu favorablement à sa demande. Même si l'auteur reconnaît de ne rien avoir à leur offrir en retour, elle considère que ces hommes méritent d'être reconnus pour leur humanité, une qualité que certaines personnes ont tendance à oublier parfois. L'auteur exprime également ses regrets quant aux décès de Messieurs Mitterrand et Chirac, mais se réjouit de pouvoir compter sur sa famille qui est présente.

La reconnaissance envers les actions et les qualités humaines des autres est importante, et il est louable de voir l'auteur exprimer son appréciation envers ces personnes. Cela témoigne de la valeur accordée aux relations personnelles et à l'impact positif que peuvent avoir certaines personnes dans nos vies.

Madorho souligne que ces trois hommes et une femme ont joué un rôle essentiel dans sa vie, devenant une colonne sur laquelle elle a pu s'appuyer. Leur soutien a permis à l'auteur de rester debout et d'assurer la vie de ses enfants. De plus, l'auteur exprime sa gratitude envers ces personnes pour avoir contribué à sa liberté et à son émancipation en tant que femme. Ces moments où ils lui ont apporté leur aide restent gravés dans son cœur. C'est également une belle leçon à transmettre à ses enfants, en valorisant la reconnaissance envers ceux qui nous ont apporté leur aide et en partageant les histoires de ces moments de soutien et de générosité.

Il semble que ces hommes ne connaissent pas personnellement l'auteur, mais ils ont eu un impact significatif dans sa vie en semant des bienfaits. Leur contribution a laissé une marque indélébile dans le cœur de l'auteur, et elle n'oublie pas la part qu'ils ont eue dans sa vie. L'auteur croit fermement en l'idée que faire du bien équivaut à donner la vie.

C'est pourquoi elle a écrit, afin de laisser ces écrits comme un souvenir de reconnaissance pour sa deuxième naissance de vie en tant que Française. Ces écrits servent à honorer ces hommes et à immortaliser l'impact positif qu'ils ont eu sur sa vie.

Il est beau de voir qu'elle a exprimé sa gratitude d'une manière durable en écrivant ces souvenirs. Cela permet de perpétuer la reconnaissance envers ces personnes spéciales et de rappeler l'importance de semer le bien dans la vie des autres.

Ce livre est donc un moyen pour Madorho de soulager le poids de la reconnaissance qu'elle portait depuis longtemps dans son cœur. Elle souhaite également que les Français prennent conscience de ce qui se passe en coulisses à l'Élysée, le palais présidentiel en France. L'auteur souligne qu'elle n'est pas la seule personne à avoir été aidée par ces hommes.

Madorho partage son histoire et ses expériences afin de sensibiliser les autres à des aspects moins connus de la politique et de l'institution présidentielle. Elle estime que des actions importantes et bénéfiques sont menées en coulisses, souvent sans être connues du grand public. En mettant en lumière ces réalités, elle espère que les gens reconnaîtront les efforts et les contributions des personnes qui travaillent dans l'ombre pour le bien de tous.

Envie d’écrire aux Présidents

L'auteur exprime qu'elle-même ne sait pas vraiment répondre à la question de pourquoi elle a toujours ressenti le désir d'écrire aux présidents. Cependant, elle suppose que son expérience antérieure en Afrique, où elle occupait un poste dans les affaires privées du feu président Mobutu, a pu avoir un impact sur sa vie. Les habitudes et les influences de cette période de sa vie ont peut-être persisté pendant ses années en France. Cette expérience a peut-être suscité en elle le désir de communiquer avec les présidents par rapport à ses problèmes

Cela peut refléter un désir de rester connectée à son ancien pays, de comprendre les défis et les changements qui s'y produisent, ainsi que de maintenir une perspective globale en suivant les événements internationaux. L'auteur semble trouver une valeur dans la connaissance et l'information, et cela lui permet de rester informée et engagée dans le monde qui l'entoure.

Madorho ait une expérience professionnelle significative en République démocratique du Congo (RDC) avant de s'installer en France. Entre 1987 et 1989, elle a occupé le poste d’Assistante de direction au sein de la SAFOREST, une société privée appartenant au feu président Mobutu. Cette société était spécialisée dans le déboisement de l'aéroport de Gbadolite, le village du Feu président Mobutu. Pendant cette période, le directeur général de la SAFOREST, monsieur NGBONG BOLO TRANDOGBIA était le cousin du feu président Mobutu, qui est malheureusement décédé en 2005.

Cette expérience professionnelle en RDC semble avoir joué un rôle important dans la vie de l'auteur et peut expliquer en partie son intérêt continu pour les affaires gouvernementales et les événements mondiaux.

Son expérience en tant que secrétaire dans une entreprise liée au président Mobutu et au déboisement de l'aéroport de son village peut avoir influencé sa perspective sur la politique et son désir de rester informée sur les développements dans le monde.

Il semble que l'arrivée de cette femme en France en mai 1990 ait été quelque chose d'inattendu ou d'accidentel selon elle. Elle déclare souvent qu'elle n'avait jamais envisagé de vivre en Europe et que ses pensées étaient davantage tournées vers des voyages touristiques. Elle était satisfaite de sa vie et de son travail à ce moment-là.

Apparemment, elle venait de terminer un arrêt-maladie et reprenait son poste de travail lorsqu'elle est arrivée en France. Elle n'était pas au courant de ce qui allait se passer ou des circonstances de son arrivée dans le pays. Cela laisse entendre que son installation en France s'est produite de manière inattendue et qu'elle n'avait pas prévu cette transition dans sa vie.

Le médecin a probablement recommandé un changement d'environnement et de prendre du temps pour se reposer, se ressourcer et se remettre de ses difficultés. Le médecin a peut-être pris en compte le fait qu'elle venait de loin et qu'elle avait survécu à une expérience proche de la mort. La femme a pris en considération les conseils du médecin et a commencé à réfléchir à cette possibilité. Bien qu'elle aimât son travail et avait hâte de reprendre, elle a peut-être réalisé qu'elle avait besoin de prendre soin d'elle-même et de prendre du recul par rapport aux problèmes qui commençaient à émerger dans son gouvernement et au sein de la famille présidentielle.

En somme, le médecin belge a conseillé à la femme de se reposer en Belgique en raison de sa santé fragile et de l'environnement difficile dans lequel elle se trouvait.

Il semble que pendant que cette femme était hospitalisée, son patron, qui était également son cousin et membre de la famille présidentielle de Mobutu, a rencontré des problèmes sérieux. Malheureusement, à sa sortie de l'hôpital, personne ne lui a transmis les informations concernant la situation de son patron. Cela suggère qu'il y a eu un manque de communication ou peut-être une réticence à partager les problèmes rencontrés par son patron avec elle. Il est possible que cela ait été fait dans le but de la protéger ou de l'éloigner des difficultés auxquelles il faisait face.

Cette absence d'information à un moment critique de sa vie peut avoir contribué à son sentiment de besoin de prendre du recul et de réfléchir à d'autres options, y compris celle de se reposer en Belgique comme suggéré par son médecin.

Il semble que dans la situation décrite, des personnes qui étaient au courant des problèmes de cette femme ont commencé à quitter leur poste les uns après les autres, de manière discrète. Dans sa tête, elle se disait qu'elle n'avait rien à se reprocher en ce qui concerne son travail, notamment du point de vue de la gestion des finances, bien qu'elle ait reçu l'ordre de retirer d'importantes sommes d'argent à la Banque du Zaïre (à l'époque) et de les garder chez elle en attendant des instructions pour les transporter en avion militaire jusqu'à Gbadolite, où résidait son patron.

Il semble qu'elle ait accepté ces missions sans être protégée ou encadrée. Derrière cet argent, elle affirme que le Président de la République était le commanditaire de ces opérations. Cela implique qu'elle agissait sur ordre du Président et qu'elle était impliquée dans des missions qui nécessitaient de manipuler de grosses sommes d'argent.

Cependant, la situation devient de plus en plus instable avec le départ silencieux de ceux qui étaient au courant de ces problèmes. La femme se retrouve face à des circonstances complexes et potentiellement dangereuses, sans la protection ou le soutien nécessaire.

Il semble que lors d'une des premières missions liées aux grosses sommes d'argent, cette femme a écouté une conversation téléphonique où le Président demandait, à l'aide de codes en langue ngbandi, si la personne était arrivée avec l'argent. Après cette communication, son patron lui a dit qu'il était attendu chez le Président et est rapidement parti pour lui remettre l'argent.

Cela suggère que la femme était impliquée dans le processus de transfert d'argent vers le Président, et que cette communication téléphonique était un moyen de vérifier si la transaction avait été réalisée avec succès. Son patron était chargé de remettre l'argent au Président, et il s'est précipité pour le faire après cette conversation.

Ces détails mettent en lumière la nature confidentielle et potentiellement risquée des opérations dans lesquelles cette femme était impliquée. L'argent était apparemment destiné au Président lui-même, et elle agissait selon les ordres de son patron et du Président.

Dans cette société, elle a expérimenté des choses. Elle a même parfois pris des engagements qui auraient pu lui coûter la vie parce qu'elle ne savait pas. Elle était utilisée par ses patrons qui lui confiaient des cartons d'argent contenant cinq millions, deux millions de zaïres en billets de cinq cents zaïres, et elle les gardait un moment chez elle. Elle effectuait des achats de matériel pour le déboisement de l'aéroport ainsi que des tenues pour les travailleurs.

Après cela, elle prenait l'avion militaire pour se rendre à Gbadolite afin de déposer cet argent ou ce matériel. Le retour se faisait par des compagnies commerciales. Elle ne connaissait pas l'utilité de cet argent. Son travail se limitait uniquement à transporter ces cartons. Cependant, elle prenait le risque d'être attaquée chez elle pendant la nuit.

Dès que son patron, qui était le cousin du président Mobutu, prenait le téléphone pour dire au gouverneur de la banque "Je vous envoie mon assistante pour retirer autant", dès son arrivée, tous ces cartons contenant l'argent étaient déjà préparés.

La société mettait à sa disposition une camionnette P504 pour les travaux sur les chantiers, et elle avait également une voiture Renault 12 à sa disposition pour les déplacements en ville, avec un chauffeur. Elle ne recevait pas de primes de risque, seulement de modestes frais de mission lorsqu'elle effectuait des voyages. Pour elle, c'était une belle vie de côtoyer les autorités. Il est vrai que pendant le règne de Mobutu, c'était une période marquante. Il savait comment séduire son peuple. Le peuple était effectivement aveuglé par rapport à tout ce qui se passait sous leurs yeux.

Avion Concorde à l'Aéroport de Gbadolité

Elle a eu l'occasion de voir l'avion Concorde pour la première fois à l'aéroport de Gbadolite en 1988, si elle se souvient bien. Son patron l'y a emmenée pour le voir de près. Cet avion "Concorde" semblait être en repos, couché, et il avait une allure très élégante. L'avion était garé sur le tarmac près du salon d'honneur présidentiel. C'était vraiment formidable de voir et d'admirer l'intelligence de ceux qui l'avaient construit.

À l'époque, elle n'avait pas l'idée d'avoir un appareil photo pour prendre des photos. L'avion Concorde avait accompagné le président Mobutu lors de son retour d'un voyage en provenance de la France. La Concorde est restée à l'aéroport de Gbadolite pendant une semaine.

Malheureusement, je ne dispose pas d'informations spécifiques sur les coûts associés à la présence de l'avion Concorde à l'aéroport de Gbadolite ni sur les détails de l'accord entre le président Mobutu et la compagnie française. Étant donné que la Concorde était en vacances à Gbadolite, il est possible que les dépenses liées à sa présence, y compris l'équipage, aient été assumées par le gouvernement congolais. Toutefois, sans données précises, il est difficile de donner une estimation exacte des coûts engagés par la République démocratique du Congo pour cette période.

Dans son bureau

Face à cette phrase inquiétante lancée par un membre de la famille de son patron, elle ressentit une réaction étrange dans son corps. Elle voulait en savoir plus, comprendre les implications de cette déclaration. Elle se demandait si c'était une simple plaisanterie ou s'il y avait une signification plus profonde derrière ces paroles. Son instinct lui disait qu'il était important d'approfondir cette question pour sa propre sécurité et tranquillité d'esprit.

Face aux paroles énigmatiques de cet homme, qui lui dit de continuer à venir au bureau où se trouvent les autres responsables, elle se sentit de plus en plus troublée. Sa réaction et son attitude pressée pour partir la perturbèrent davantage. Elle resta assise dans son bureau, profondément troublée et plongée dans ses réflexions. Son cœur s'accéléra, battant rapidement. La peur commença à l'envahir, alimentée par l'incertitude quant à la signification réelle de ces paroles et les conséquences qu'elles pourraient avoir sur sa sécurité.

Dans cette situation d'incertitude, alors qu'elle cherchait des réponses et son salaire, elle se rendit compte qu'elle ne voyait personne dans les parages pour obtenir des explications. Elle tenta de contacter ses deux patrons par téléphone, mais toutes ses démarches se soldèrent par des échecs. Dans un état de peur grandissant, elle décida de confier cette situation à l'un de ses neveux qui était en vacances, car elle avait peur de sortir seule et préférait prendre des précautions supplémentaires.

Finalement, elle décide de quitter le pays.

Alors qu'elle réfléchissait à la situation angoissante, une pensée lui traversa l'esprit. Elle se dit à elle-même : "L'argent que tu as donné à ton cousin pour acheter une voiture en Belgique. Comme cela tarde, demande-lui de t'acheter un billet d'avion". Elle se demanda où elle pourrait aller. En France, peut-être, comme son médecin lui avait conseillé de se rendre en Belgique pour se reposer. Cette idée de voyager et de s'éloigner de cette situation troublante commença à germer dans son esprit.

Malgré ses réticences à vivre en Europe, elle réalisa que partir pendant un mois pourrait lui permettre de laisser les choses se calmer et de reprendre ensuite sa vie dans son pays d'origine si tout revenait à la normale. Elle prit la décision de faire appel à son cousin sans tarder, lui expliquant les difficultés qu'elle rencontrait au travail, sans pouvoir donner d'explications claires. Son cousin accepta de lui acheter le billet d'avion et dès le lendemain, elle avait son billet avec une réservation. Il lui dit : "J'ai réservé le voyage dans deux semaines."

Son cousin lui demanda si elle avait obtenu le visa pour voyager dans deux semaines. Elle réalisa alors qu'elle devait également obtenir un laissez-passer à la frontière. Son cousin prit un moment pour réfléchir et admit qu'il n'avait pas pensé à ces détails importants. Ils décidèrent donc de chercher chacun de leur côté et se donnèrent rendez-vous dans trois jours pour faire le point sur leurs avancées.

Une nouvelle idée prometteuse lui traversa l'esprit : elle pouvait demander à l'Ambassadeur X de l'aider à obtenir les visas pour l'Europe. Elle appela rapidement sa sœur, qui était proche de l'Ambassadeur, pour lui expliquer sa situation et son désir de partir. Sa sœur se montra favorable et prit immédiatement contact avec l'Ambassadeur pour lui faire part de la demande de sa sœur.

L'ambassadeur répondit favorablement à sa demande, étant donné que c'était une première pour lui et qu'il avait une grande considération pour elle. Il donna des instructions à son secrétaire pour s'occuper de son dossier de visa. Le lendemain, elle obtenait son visa, ce qui était une grande avancée. Cependant, elle devait toujours obtenir le laissez-passer nécessaire pour passer la frontière. Elle en parla à son ami Claude, qui se mit immédiatement à s'en occuper. Le lendemain, elle avait en sa possession le laissez-passer, finalisant ainsi les préparatifs nécessaires pour son voyage.

Effectivement, les deux semaines que son cousin avait prévues se révélaient suffisantes pour effectuer les démarches nécessaires à son voyage. Elle avait maintenant tous les documents nécessaires pour quitter le pays. Cependant, elle ressentait toujours une réticence à vivre en Europe et se demandait ce qui se passait réellement. Elle se convainquait qu'elle n'avait rien à se reprocher, mais la peur persistait en raison de la menace d'élimination par des personnes inconnues. Cette situation suscitait en elle une grande appréhension.

Alors que le jour de son départ approchait, elle avait préparé tout ce dont elle avait besoin pour prendre son vol et quitter son pays chaud afin de découvrir l'hiver et une autre culture. Cependant, elle se posait la question de qui confier la clé du bureau et du coffre. Malheureusement, il ne restait plus rien dans le coffre. Elle n'avait plus aucun contact avec ses supérieurs, y compris son patron qui habitait à proximité de chez elle. Cette réalisation renforçait son sentiment d'isolement et d'incertitude quant à son avenir professionnel et à la sécurité de ses biens.

Cependant, elle ignorait que son patron était déjà en Amérique et y vivait jusqu'à ce jour. Pendant cette période, elle n'était pas au courant de son départ des États-Unis. Face à cette situation, elle prit la décision de donner procuration à son neveu afin qu'il se renseigne auprès d'un ami de l'un de ses patrons. Elle espérait que cet ami pourrait lui remettre la clé du bureau, rédiger une décharge et demander le paiement de son salaire ainsi que le remboursement de ses frais médicaux. Elle comptait sur son neveu pour agir en son nom et faire avancer ces démarches importantes.

Malheureusement, malgré les efforts répétés de son neveu, il n'a pas réussi à obtenir la clé du bureau, le paiement des salaires et le remboursement des frais médicaux. Ces demandes sont restées sans réponse jusqu'à ce jour. Malgré ces obstacles, elle a continué ses préparatifs pour se rendre à l'aéroport. Ses cousins, qui occupaient des postes importants dans l'armée et au parlement à l'époque, l'ont accompagnée à l'aéroport. Leur présence lui offrait un certain réconfort et une forme de soutien dans cette période difficile.

La dame bénéficiait d'une certaine protection et n'était pas soumise à des contrôles stricts en raison de la présence de ses accompagnateurs influents. Après avoir franchi les différents services, tels que l'immigration, l'heure de décollage était fixée à 22h45. Cependant, elle commença à douter de la réalité de son départ. Des pensées d'incertitude l'envahirent, remettant en question si tout cela était réel et si elle allait vraiment partir.

La dame était préoccupée par sa situation professionnelle. Elle est partie sans avoir pu parler à ses responsables. L'incertitude quant à son emploi et à la manière dont les choses se dérouleraient en son absence la troublait. Elle avait quitté le pays sans avoir pu clarifier sa situation professionnelle ni obtenir de réponses concernant les salaires impayés et les frais médicaux en attente. Cette incertitude ajoutait à ses inquiétudes déjà présentes.

Qu’est-ce qui va se passer après son départ ?

Après son départ, il est difficile de prédire exactement ce qui va se passer. L'embarquement a commencé à 22 heures, mais à 22 heures 45, l'avion était toujours au sol, ce qui peut susciter des interrogations et de l'inquiétude quant au retard du vol. Les raisons de ce retard peuvent être diverses, allant des problèmes techniques à des problèmes opérationnels. Il est possible que des annonces ou des informations supplémentaires soient fournies aux passagers pour expliquer la situation et donner une estimation du départ. Dans tous les cas, il est important de rester attentif aux annonces et aux instructions du personnel de l'aéroport pour obtenir les informations les plus à jour concernant le vol.

Alors que le retard du vol se faisait sentir, une annonce est faite vers 23h30, indiquant un problème technique. La femme ressentait toujours une grande inquiétude quant à son retour à la maison, craignant que tous ses frères ne soient déjà partis. Elle décide de descendre de l'avion et regarde au-dessus du bâtiment de l'aéroport. C'est alors qu'elle repère un de ses cousins qui était resté sur place, lui faisant signe. Ce cousin occupait un poste important au cabinet du président de l'Assemblée nationale et en tant que directeur de cabinet, il ne pouvait pas partir avant le décollage de l'avion. La présence de son cousin la rassure quelque peu, lui donnant l'espoir que tous ses frères n'étaient pas encore rentrés à la maison et qu'elle pourrait les retrouver à son retour.

La femme a eu de la chance que son cousin, en raison de ses responsabilités à l'Assemblée nationale, avait l'habitude de ne pas quitter l'aéroport tant que l'avion n'avait pas décollé. Il est venu la chercher et l'a accompagnée chez elle, lui offrant un soutien précieux dans cette situation stressante. Le vol a été reporté au lendemain à la même heure, car la compagnie d'aviation (TAP) devait remplacer la pièce défectueuse pour assurer la sécurité du vol. Ce report permettrait aux passagers de prendre leur vol dans des conditions optimales une fois que le problème technique serait résolu.

La présence réconfortante de son cousin l'a soulagée, mais elle restait inquiète face à la panne de l'avion. Elle réalisait à quel point ils étaient chanceux d'être encore sur terre et de ne pas avoir décollé avec un problème technique. En même temps, elle ressentait une grande appréhension face au silence de ses deux patrons. Elle se demandait ce qui allait lui arriver et ne pouvait pas envisager de vivre longtemps en Europe. Elle se rappelait du conseil de son médecin belge, mais elle ne voulait pas fuir simplement à cause d'une situation inconnue. Ses sentiments étaient mélangés, partagés entre la nécessité de prendre soin de sa santé et son attachement à son pays d'origine.

La tension montait alors qu'ils se dirigeaient vers la maison. Le cousin de la femme avait remarqué une voiture suspecte qui les suivait depuis un certain temps, mais il ne voulait pas l'inquiéter en lui en parlant. Alors qu'ils approchaient de chez elle, il décida de quitter le boulevard Lumumba pour emprunter un petit boulevard, peut-être dans l'espoir de semer la voiture qui les suivait.

La femme était surprise de la réaction rapide de son cousin, mais elle ne comprenait pas totalement la situation. Elle se demandait pourquoi il klaxonnait et pourquoi il avait ouvert si rapidement la porte pour aller ouvrir le portail d'entrée. Elle était également étonnée de voir les sentinelles des maisons voisines sortir à leur arrivée. Tout cela contribuait à accroître son inquiétude et son sentiment de confusion.

Le cousin explique à la femme que la voiture qui les suivait était suspecte et il avait remarqué sa présence pendant tout le trajet. Pour assurer leur sécurité, il avait ouvert la ligne de communication avec la poste de sécurité du Parlement en utilisant son Motorola. Il avait placé le Motorola près de son oreille pour donner l'impression aux potentiels bandits qu'ils étaient suivis et surveillés. Il avait pris cette mesure pour les dissuader et les faire renoncer à toute tentative d'agression.

Le cousin comprend l'inquiétude de la femme et accepte de rester dormir chez elle pour assurer sa sécurité. Il appelle sa femme pour la prévenir de la situation et s'assurer qu'il ne rentrera que le lendemain matin. La femme lui demande de ne pas revenir le soir même et suggère de demander à un autre cousin, qui était Major à l'époque mais est maintenant Colonel dans l'armée, de l'accompagner avec son équipe de garde-corps à l'aéroport. Elle espère ainsi se sentir plus en sécurité lors de son prochain voyage.

La femme se sentait de plus en plus anxieuse et craignait d'être suivie par des personnes qui seraient au courant de son départ. Les paroles de l'homme qui était passé dans son bureau résonnaient dans sa tête, renforçant sa peur. Heureusement, son cousin, qui avait de l'expérience en matière de sécurité, l'avait accompagnée et avait pris des précautions pour leur voyage à l'aéroport.

Le cousin Major est venu comme convenu le lendemain, prêt à accompagner la femme à l'aéroport. Ils se sont préparés à affronter toute éventualité et sont partis avec une équipe de garde-corps pour assurer leur sécurité. La femme espérait que cette présence dissuaderait toute personne mal intentionnée de s'approcher d'elle.

La femme était reconnaissante envers son cousin Major pour l'aide qu'il lui avait apportée à l'aéroport. Grâce à sa tenue militaire et à son statut élevé, elle avait pu passer les contrôles douaniers sans être soumise aux procédures habituelles. Cependant, elle ressentait une certaine gêne et ne voulait pas bénéficier d'un traitement privilégié par rapport aux autres passagers. Elle valorisait l'égalité et souhaitait être traitée comme n'importe qui d'autre.

Malgré ses réserves, elle comprenait que sa protection était une priorité et que son cousin cherchait à assurer sa sécurité en évitant les éventuels problèmes aux contrôles de douane. Elle appréciait les efforts déployés pour la protéger, mais gardait néanmoins ses valeurs d'équité et d'égalité en tête.

Dans ses genres des situations les regards de tout le monde sont branqués sur toi. C’est des choses qu’elle ne voulait pas faire pour être remarquée de cette façon. L’Embarquement a débuté l’espoir très fort de partir afin. Elle a pris sa place dans l'avion et ils ont quitté l'Afrique sans savoir qu'elle deviendra un jour française.

Alors qu'elle préparait sa valise, sa famille était présente pour lui dire au revoir. Ils exprimaient tous leur inquiétude pour sa sécurité et lui conseillaient de s'installer définitivement en France. Au départ, elle se demandait pourquoi ils insistaient autant sur ce point, mais aujourd'hui, elle comprend mieux comment les événements peuvent prendre des tournures soudaines et dangereuses.

Elle réalise maintenant que sa vie était destinée à suivre un nouveau chemin en France, un chemin qui lui offrirait une sécurité et des opportunités auxquelles elle n'aurait peut-être pas eu accès dans son pays d'origine. Bien que les circonstances qui l'ont conduite à ce départ aient été remplies d'incertitude et de peur, elle se rend compte que cette nouvelle direction était peut-être nécessaire pour assurer sa protection et son bien-être.

Avec cette compréhension, elle se préparait mentalement à embrasser cette nouvelle vie en France et à faire face aux défis qui l'attendaient. Elle se rappelle les paroles de sa famille et se promet de créer une vie meilleure pour elle-même dans ce nouvel environnement.

Alors qu'elle préparait sa valise, elle s'est assurée de ne prendre que des bagages à main, sachant qu'elle aurait des vêtements disponibles à Paris. Elle avait également pris avec elle une somme d'argent de deux mille unités monétaires pour ses dépenses personnelles. L'avion a décollé à vingt-deux heures quarante-cinq et elle s'est installée près de la fenêtre.

À sa droite, il y avait un passager portugais avec qui elle a engagé une conversation. Ils ont échangé quelques mots, mais à un certain moment, la fatigue a commencé à la gagner. L'environnement calme et les bruits réguliers de l'avion ont contribué à l'endormissement progressif de la femme.

La femme a eu un moment d'alerte lorsqu'elle a senti son sac bouger entre ses pieds. Elle s'est immédiatement rendu compte que l'homme assis à côté d'elle tentait de le voler. Elle lui a fait remarquer en lui disant "Hé monsieur". L'homme est resté silencieux, sans réaction. Malgré le fait qu'il était habillé en costume, il n'aurait jamais pensé à commettre un vol à bord de l'avion.

La femme a rapidement récupéré son sac, l'a vérifié attentivement et a constaté avec soulagement que rien n'avait été volé, y compris son passeport et son argent. Depuis cet incident, elle est devenue extrêmement prudente lorsqu'elle voyage en avion, en train ou en bus, en veillant à la sécurité de ses effets personnels en tout temps.

Après l'incident avec l'homme qui tentait de voler son sac, la femme s'est retrouvée seule assise près de la fenêtre pour le reste du vol. Ils ont finalement atterri à Lisbonne le matin. À Lisbonne, ils ont fait une escale de deux heures avant de poursuivre leur voyage vers Bruxelles. À Bruxelles, ils devaient effectuer une correspondance pour Paris-Charles de Gaulle, leur destination finale en France.

La femme, avec ses bagages à la main, a quitté l'avion et suivi le groupe de passagers en provenance de Belgique. Cependant, dans la confusion et la foule, elle s'est perdue et s'est retrouvée désorientée. Elle réalisa alors qu'elle était en Europe pour la première fois et se sentit un peu dépassée par la situation.

La femme se retrouve donc à l'extérieur de l'aéroport de Zaventem, à Bruxelles, sans avoir été contrôlée à la sortie. Étant donné qu'elle n'avait que peu de bagages, personne ne semblait prêter attention à elle. Elle réalise alors que son entrée en Europe s'est faite sans encombre et que son voyage se poursuit de manière inattendue. Cela suscite en elle une certaine perplexité, étant donné qu'elle avait toujours exprimé son hésitation à vivre en Europe.

La femme se retrouve donc bloquée à l'extérieur de l'aéroport de Bruxelles, sans avoir pu embarquer dans son vol. Elle est désorientée et ne sait pas quoi faire.

Une personne lui suggère de se rendre à la gare de Midi pour prendre un train. Cependant, elle n'a jamais entendu parler de cette gare et se sent encore plus perturbée par la tournure des événements. Elle se sent désemparée face à cette situation inattendue et ne sait pas comment réagir.

La femme, en écoutant cette voix intérieure encourageante, décide de prendre un taxi et se dirige vers Uccle, où la copine de son cousin était censée résider. Cependant, une fois arrivée à l'adresse indiquée, elle réalise que la copine n'est pas présente et que cette adresse ne correspond pas à la bonne personne. Elle se retrouve encore une fois dans une situation d'incertitude et se demande quoi faire maintenant.

La femme se rend compte que la copine de son cousin lui avait menti en prétendant habiter à cette adresse. La propriétaire de la maison où elle s'est retrouvée l'accueille chaleureusement et lui révèle la vérité sur la situation. Elle explique que cette copine n'a jamais vécu là et qu'elle a toujours donné cette adresse aux gens. La femme est reconnaissante envers la propriétaire pour son accueil, les boissons et la nourriture qu'elle lui a offertes. Elle réalise que malgré cette nouvelle déception, elle doit continuer son chemin et chercher d'autres solutions.

La femme est soulagée de trouver de l'aide et de l'hospitalité chez cette dame à Bruxelles. Elle demande le téléphone pour appeler la dame chez qui son colis a été envoyé, et cette dernière lui propose de se rendre directement chez elle. La femme prend un taxi jusqu'à l'adresse indiquée, et malgré qu'il fasse déjà nuit, elle est accueillie chaleureusement. La dame a préparé un lit confortable pour elle, où elle peut enfin reposer sa tête après cette journée mouvementée. La femme est reconnaissante pour cette générosité et se sent soulagée d'avoir trouvé un endroit où séjourner temporairement.

La femme se sent soulagée d'avoir reçu des instructions pour le petit déjeuner et d'avoir accès à la cabine téléphonique pour appeler Paris. Cependant, malgré l'hospitalité de la maîtresse de maison, elle ne peut s'empêcher de ressentir une certaine inquiétude, car elle n'est pas encore arrivée à Paris et des personnes l'attendent là-bas. Elle comprend l'importance de faire connaître son arrivée et de rassurer ceux qui l'attendent, afin de dissiper leurs inquiétudes.

La femme ressent de la culpabilité d'avoir manqué sa correspondance à Bruxelles. Elle se reproche de ne pas avoir été plus attentive et organisée, ce qui aurait pu éviter cette situation. Elle se sent responsable de cette erreur et cela lui cause des remords et des regrets pendant son sommeil. La femme est soulagée d'avoir pu contacter sa cousine à Paris. Sa cousine lui propose une solution en lui suggérant de rencontrer son amie à Bruxelles, qui pourrait l'accompagner à Paris. Cependant, sa cousine l'avertit également de faire attention car elle n'a pas de visa pour la Belgique. Cette situation lui rappelle l'importance de respecter les règles et les procédures lors des déplacements internationaux.

La femme avait comme seul objectif d'arriver en France, et elle ressentait une certaine ressemblance entre Bruxelles et son pays colonisateur. Elle était consciente que les deux pays avaient des liens historiques et culturels, et elle cherchait à trouver un sentiment de familiarité malgré les différences. Son souci principal était d'atteindre son nouveau lieu de vie et de commencer une nouvelle étape de sa vie en France.

La femme a passé une autre nuit chez les amis de sa cousine à Paris. Cependant, elle avait du mal à se souvenir des adresses précises où elle avait séjourné à Bruxelles et à Paris. Elle se sentait désorientée et avait du mal à se situer géographiquement. Malheureusement, elle a perdu le contact avec cette cousine, car leur relation était devenue insupportable.

Immigration

Effectivement, s'installer dans un autre pays implique de connaître et de suivre les démarches nécessaires ainsi que de se conformer aux lois et réglementations du pays d'accueil. Cette femme, qui était employée de bureau, n'avait pas prévu à l'origine de rester en France. Elle ne disposait que de son passeport et des documents relatifs à son hospitalisation. Son visa était valable pour une durée de trente jours, ce qui indique qu'elle devait initialement quitter le pays dans ce délai.

Effectivement, dans la situation où elle se trouvait, il aurait été possible pour elle de faire une demande d'asile politique en France. Cependant, elle avait des réticences à vivre en Europe et n'envisageait pas cette option. Malgré cela, des personnes bienveillantes et des associations ont tenté de l'orienter et de l'accompagner pour déposer une demande d'asile, étant donné que son histoire semblait solide. Cependant, le délai de trente jours de son visa constituait une contrainte pour entamer ce processus. Il est intéressant de noter que, lorsqu'elle se trouvait encore en Afrique, ses relations ne lui avaient jamais parlé de leur vie en Europe ni des démarches pour s'installer dans un autre pays en tant que réfugiés.

Effectivement, la femme réalise maintenant l'importance d'apporter des preuves de sa vie dans son pays d'origine pour appuyer sa demande d'asile. Elle regrette de ne pas s'être mieux préparée à cette éventualité. Par ailleurs, à cette époque, François Mitterrand était effectivement le président de la France, ce qui situe chronologiquement l'histoire. Heureusement, elle avait quelques relations en France, ce qui lui a permis de trouver refuge chez une connaissance proche. Ces relations peuvent jouer un rôle crucial pour faciliter son adaptation et son intégration dans le pays.

Elle pensait que cette relation allait l'aider à s'installer sans aucune difficulté. Avec sa cousine, c'était juste une question d'accueil. Elle a rapidement quitté sa cousine car elle était gentille, mais il était difficile de vivre avec elle à cause de son caractère. Elle évitait les problèmes et préférait rester seule dans sa chambre à coucher.

Sa demande d'asile a été faite sans tarder. Le couple était bienveillant envers elle, mais son mari avait de mauvais comportements, ce qui l'a fait réfléchir beaucoup. Elle a alors eu l'idée d'écrire à Monsieur Mitterrand, président de la République de 1981 à 1995. La dame ne savait vraiment pas où frapper à la porte. Selon elle, frapper à la porte des Présidents était la meilleure option.

Voici l'objet de sa lettre adressée à

Monsieur le Président :

Demande de logement.

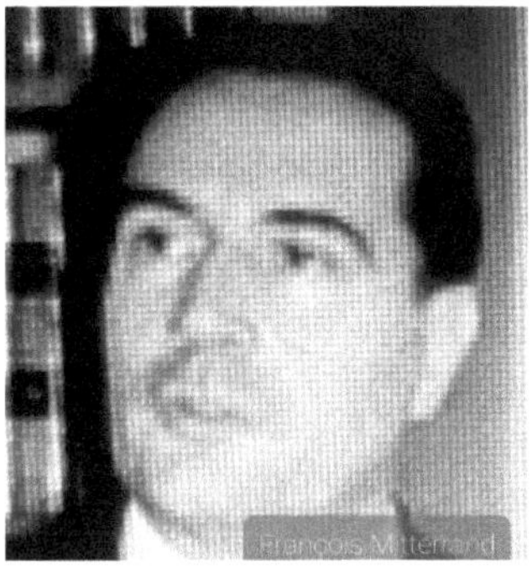

Mitterrand François Maurice Adrien Marie,
Né à Jarnac le 26 octobre 1916.
Président de la France de 1981 à 1995.
Décédé à Paris, le 8 janvier 1996

Monsieur le Président,

J'ai l'honneur de m'adresser à votre haute personnalité afin de vous solliciter pour obtenir de l'aide concernant un logement. Je me trouve actuellement seule, sans enfants. J'ai été en France depuis mai 1990, et l'endroit où je réside pose des problèmes en raison du comportement du mari de la dame qui m'a aimablement accueillie chez elle. Je ne souhaite pas devenir un fardeau pour ce couple, et surtout pour cette dame qui a eu la gentillesse de me donner un toit.

La dame n'est pas au courant des réactions de son mari à mon égard. Je me tourne vers vous car vous êtes le père de la nation française. Mon inquiétude est de vous demander humblement de bien vouloir m'aider à trouver un logement et un emploi, Monsieur le Président.

Je vis dans la peur constante dans cette maison depuis que le mari de cette compatriote me fait des avances. Sans votre aide, je me sens complètement désemparée et ne sais plus vers qui me tourner.

J'espère sincèrement que ma demande, Monsieur le Président, retiendra votre attention et votre bienveillance. Je vous prie d'agréer, Monsieur le Président, l'expression de ma sincère considération distinguée.

Après deux bonnes semaines, la dame a été contactée par le service social qui lui a proposé une chambre à l'hôtel, des tickets restaurant et une carte orange pour faciliter sa recherche d'emploi. Elle était ravie de cette aide. Avant d'en arriver là, elle avait travaillé pendant deux mois en utilisant l'identité d'une autre personne, mais ce n'était pas de son plein gré. Elle avait été poussée par une proche à travailler de cette manière.

Elle se sentait également incapable de dire non ! Elle essayait de suivre les instructions qu'on lui donnait lorsqu'elle s'est rendue dans une entreprise de nettoyage pour s'inscrire afin de trouver du travail. Faire la queue était une expérience nouvelle pour elle. Elle se répétait intérieurement : "L'Europe, tu ne voulais pas y venir et pourtant, te voilà ici."

Pour subsister, chacun doit se débrouiller. Il est nécessaire de travailler. Elle a essayé de travailler en tant que femme de chambre pendant quelques jours, mais elle n'a pas pu continuer car c'était trop difficile pour elle. Ensuite, elle a travaillé comme Technicienne de Nettoyage dans des bureaux pendant deux mois. Cependant, elle décide d'arrêter car la personne dont elle utilisait l'identité ne lui remettait pas son salaire. De plus, elle venait d'obtenir son premier récépissé de six mois lui permettant de travailler légalement.

Grâce à l'aide de la Présidence de la République, elle a été mise en contact avec le service social et a été logée à l'hôtel. Les choses ont rapidement pris un tournant favorable pour elle, car elle a trouvé un emploi grâce au bouche-à-oreille à Neuilly-sur-Seine. Dans le même mois, elle a trouvé un travail au service des personnes âgées de la Mairie de Neuilly-sur-Seine, grâce à la méthode efficace du bouche-à-oreille.

Elle s'est rendue au service social pour les informer de sa situation, et le personnel était étonné de la rapidité avec laquelle elle avait trouvé un emploi. Après un mois, elle a été sollicitée par une famille ayant une personne âgée pour vivre avec eux, en tant que compagnie pour la personne âgée, avec nourriture, logement et un salaire déclaré, en plus de son emploi à la Mairie de Neuilly. Elle avait maintenant deux emplois et n'en revenait pas. Elle a tenu son employeur au courant de cette nouvelle proposition de sa cliente, et son employeur était contente pour elle, surtout parce que cela lui permettait d'être proche de son travail.

C'est en effet une excellente nouvelle, non seulement pour elle, mais aussi pour le service social qui a pu résoudre sa situation rapidement et favorablement. Elle a informé l'assistante sociale du changement de sa situation et a exprimé sa gratitude envers l'équipe administrative pour avoir été à ses côtés tout au long de ses recherches.

Elle était logée dans le 12e arrondissement de Paris et a décidé de se rendre au service social qui l'hébergeait à l'hôtel pour les informer de son changement de situation, lié à son deuxième emploi où elle était nourrie et logée. Elle voulait ainsi pouvoir libérer sa chambre à l'hôtel.

Depuis ce jour, elle n'a jamais oublié l'ancien Monsieur Mitterrand, le Président de la République de 1981 à 1995, qui a répondu favorablement à sa demande. Elle n'aurait jamais imaginé passer sa vie en Europe, plus précisément en France, mais cette expérience lui a fait réaliser à quel point les rencontres et les opportunités peuvent changer une vie.

Neuilly sur Seine

En décembre 1990, elle résidait à Neuilly-sur-Seine, au 6 rue Louis Philippe, 92200, en face du Monoprix et derrière la poste. La station de métro Sablon se trouvait à seulement quelques pas de sa nouvelle adresse. À l'époque, elle n'avait aucune idée de la réputation de cette ville. Située sur la grande avenue Charles De Gaulle, non loin de La Défense, le quartier des affaires.

Avec son travail de service aux personnes, elle passait deux heures chez chaque personne. Si on la cherchait, on pouvait facilement la trouver dans les bus 43, 73, 82, 147, sans oublier la navette. À force, elle a fini par connaître géographiquement Neuilly par cœur. Elle prenait le bus 43 depuis Bagatelle en direction de la gare du Nord, passant par l'avenue A. Peretti et le marché aux carreaux. Elle utilisait également la navette de l'hôpital communal de Neuilly et l'hôpital américain. Pour se rendre au boulevard Bineau, elle prenait le bus 147.

Cet épisode marquant de son arrivée en France et la réponse à sa lettre adressée au Président Mitterrand ont véritablement changé sa vie. Elle travaillait à temps partiel pour l'association Servir et elle assurait également la compagnie de la dame résidant au numéro 6 de la rue Louis Philippe.

En effet, à cette époque, Monsieur Nicolas Sarkozy était le Maire de Neuilly. Elle avait remarqué qu'auprès des personnes âgées, des boîtes de chocolats étaient distribuées et qu'elles recevaient également des invitations aux réceptions organisées par Monsieur le Maire. Il était proche de la population et les personnes âgées qu'elle assistait avaient une grande estime pour lui.

En juillet 1991, la dame pour laquelle elle assurait la compagnie a été hospitalisée, ce qui a finalement conduit à une hospitalisation de longue durée. Elle s'est retrouvée seule dans l'appartement luxueux. La famille s'est organisée pour les jours de visite à l'hôpital. Elle rendait visite à la dame chaque mardi et samedi, tandis que les autres jours étaient réservés à la famille.

Un jour, elle a reçu un avis d'arrivée d'une lettre recommandée. Le bureau de poste était juste à côté, alors elle s'est rendue pour retirer le courrier. Malheureusement, c'était une lettre du service de l'OPRA (Office français de protection des réfugiés et apatrides) rejetant sa demande d'asile. Ce rejet signifiait qu'elle ne pourrait plus travailler, car elle devait présenter tous les six mois une copie de son récépissé renouvelé, qui l'autorisait à travailler légalement.

Madame Mitterrand

Effectivement, dans une situation similaire, elle a décidé d'écrire à Madame Mitterrand, en espérant obtenir son assistance en raison de son statut d'épouse du président de la République. Malheureusement, la réponse qu'elle a reçue n'a pas amélioré sa situation, mais plutôt provoqué de la déception. Le contenu de la lettre a été une surprise totale : Madame Mitterrand lui expliquait qu'elle n'était pas au ministère des Affaires étrangères et donc ne s'occupait pas des cas des étrangers.

Madorho fut effondré et n'a même pas terminé la lecture de la lettre, car il ne s'imaginait pas recevoir une telle réponse. Même si la teneur était négative, il se demandait pourquoi des mots durs avaient été utilisés au lieu de simples formulations qu'il aurait pu comprendre. Être sans papiers est une souffrance incroyable, vivre dans une incertitude permanente. Madorho avait préféré déchirer cette lettre, une décision qu'il regrette aujourd'hui. Malgré cela, il a réussi à conserver le soutien et le soutien de son mari.

Son histoire

Madorho a rencontré son ex-mari pour la première fois en 1991 dans un anniversaire, et leur relation a rapidement évolué. Elle est enceinte et était suivie à l'hôpital communal de Neuilly-sur-Seine jusqu'à l'accouchement. Tout s'est bien passé, et elle a donné naissance à un garçon, Merseigne en juillet 1992.

Après cela, un matin, Madorho a trouvé dans sa boîte aux lettres un paquet contenant un Baby-book, envoyé par Monsieur Sarkozy, le Maire de Neuilly-sur-Seine, accompagné d'une lettre de félicitations. Madorho était extrêmement ravie de recevoir ce magnifique cadeau de la part de Monsieur le Maire. En grandissant, elle n'a cessé de parler de cet événement à son fils. Et des années plus tard, Monsieur Sarkozy, alors ancien Maire de Neuilly-sur-Seine, est devenu le Président de la République Française.

Il a gardé un profond respect pour Monsieur Sarkozy et exprimait souvent son choix en disant "Sarko". Pour lui, c'était sa façon de manifester sa reconnaissance envers le Maire de Neuilly-sur-Seine devenu Président de la République. Après ses années d'études, il a réussi à obtenir son baccalauréat et a eu la chance de bénéficier de la loi sur l'égalité des chances, qui permet aux enfants de banlieue d'accéder aux grandes écoles. Il a été accepté à Sciences Po Paris et a obtenu son Master en Marketing. Cette expérience a été une belle réussite pour le jeune homme et sa famille. Il occupe désormais un bon poste en relation avec ses études. Ils expriment leur gratitude envers la France pour toutes les opportunités offertes.

Il a gardé un profond respect pour Monsieur Sarkozy et exprimait souvent son choix en disant "Sarko". Pour lui, c'était sa façon de manifester sa reconnaissance envers le Maire de Neuilly-sur-Seine devenu Président de la République. Après ses années d'études, il a réussi à obtenir son baccalauréat et a eu la chance de bénéficier de la loi sur l'égalité des chances, qui permet aux enfants de banlieue d'accéder aux grandes écoles. Il a été accepté à Sciences-Po Paris et a obtenu son Master en Marketing. Cette expérience a été une belle réussite pour le jeune homme et sa famille. Il occupe désormais un bon poste en relation avec ses études. Ils expriment leur gratitude envers la France pour toutes les opportunités offertes.

En 1993, Madorho quitte Neuilly-sur-Seine et s'installe à Gargenville, dans le département des Yvelines (78), avec son mari. Pendant ce temps, sa carte de séjour n'est pas renouvelée par la Préfecture, ce qui constitue une épreuve supplémentaire pour elle, d'autant plus qu'elle doit faire face à la pauvreté que son mari subit.

Cher Monsieur le Président,

Je vous écris une fois de plus pour vous faire part de mon calvaire. Je suis une femme sans papiers, vivant avec un bébé, et le père de mon fils ne cesse de me maltraiter. Je vous implore de prendre connaissance de ma situation, car si jamais vous recevez une information faisant état du suicide d'une femme avec un bébé, "c'est moi". Je suis à bout de force et je commence à penser à mettre fin à mes jours.

Monsieur le Président, je vous demande humblement votre aide et votre intervention dans cette situation désespérée. J'espère que mon appel retiendra votre attention et que vous pourrez faire quelque chose pour m'aider.

Veuillez agréer, Monsieur le Président, l'expression de ma profonde détresse

Conséquences de cette violence : elle commençait à souffrir de dépression, avait des difficultés de concentration et cela s'ajoutait au fait qu'elle devait s'occuper d'un bébé de sept mois. Elle ne voulait pas voir son enfant souffrir. Heureusement, Madorho a trouvé la force de se relever et a décidé de faire appel à l'aide de Monsieur le Président Mitterrand par courrier.

Les services de la Présidence de la République ont réagi rapidement et ont été contactés par le service social de sa commune, qui a souhaité la rencontrer. La visite a eu lieu avec les deux assistantes sociales en présence de son mari. Ce dernier niait l'affaire et affirmait qu'il aimait son fils et ne souhaitait pas se séparer de lui.

Selon les assistantes sociales, son cas était complexe. Tout d'abord, elle était devenue sans papiers en France, et le service ne pouvait lui apporter son aide que pendant huit jours. Madorho s'est effondrée à l'idée de ne pas trouver de solution à sa souffrance. Elle n'a pas accepté cette proposition d'être aidée pendant seulement huit jours, car ensuite elle se retrouverait à la rue. Combien de temps cela va-t-il durer ? C'était une épreuve longue et pendant tout ce temps, elle continuait à travailler. C'étai vraiment le miracle pour Madorho de continuer à travailler à gagner son salaire.

ARRESTATION

Après plusieurs mois, elle et son bébé, dans un mode de transport en style kangourou, prennent le train avec sa copine et se dirigent vers Le Bourget pour répondre à une invitation de mariage religieuse. Pendant leur trajet, les contrôleurs se présentent juste cinq minutes avant d'arriver à la gare de Saint-Lazare. À partir de là, elles devront prendre une correspondance.

Madorho, n'ayant pas de carte de séjour, possédait tout de même son billet de transport. Malheureusement, la situation ne semblait pas être en sa faveur. Les contrôleurs se présentent et demandent les billets. Elles présentent leurs billets, mais Madorho, ayant perdu sa pochette "carte orange", ne parvient pas à présenter son titre de transport hebdomadaire.

Cependant, le jour où elle avait obtenu cette carte, elle avait oublié de la demander au guichet. Étant pressée d'arriver à l'heure pour récupérer son bébé, elle s'était dit qu'elle le ferait la prochaine fois. Malheureusement, les contrôleurs n'ont pas accepté les billets sans la pochette de la carte orange. Le train arrive à Saint-Lazare et les contrôleurs demandent à Madorho de les suivre jusqu'au poste de police de la gare, car elle ne possède pas la pochette de la carte orange.

À la poste de police, sa copine n'avait pas le droit d'entrer. Madorho, avec son bébé, est entrée au poste de police et s'est présentée à une policière qui lui a posé des questions concernant son titre de transport hebdomadaire et sa carte d'identité qu'elle n'avait pas sur elle. La policière a demandé pourquoi elle n'avait pas la pochette de la carte orange. Madorho a répondu que c'était simplement par négligence, qu'elle avait oublié de la demander au guichet, d'autant plus que c'était gratuit.

Sa copine frappait à la porte pour la rejoindre, mais les policiers ont refusé de la laisser entrer, car elle avait sa pochette "carte orange" avec son titre de transport et sa carte de séjour. Le procès-verbal a commencé.

La policière demande à Madorho sa carte d'identité, ce qui pose problème puisqu'elle ne l'a pas sur elle. Cela entraîne son arrestation, et la policière demande à sa copine de se diriger vers la salle d'attente pour attendre l'arrivée du commissaire, qui ne devrait pas tarder selon la policière. Le commissaire devra prendre une décision concernant l'enfant.

Madorho posa la question à la policière, ne comprenant pas la situation : "Est-ce que mon bébé va m'être retiré ?" La policière lui demanda de s'asseoir, mais Madorho était bouleversée et répétait plusieurs fois : "Mon enfant." Pour elle, se séparer de son bébé serait une question de vie ou de mort, car elle ne pouvait tout simplement pas envisager de le laisser.

Il est étonnant de constater que tous les enfants de Madorho ont toujours refusé de prendre des biberons et ont tous été allaités au sein maternel. Pendant ce temps-là, le bébé commence à pleurer, signe qu'il a faim, il était environ 16 heures, et Madorho sait que c'est l'heure de le nourrir. Alors qu'elle est assise et commence à allaiter son bébé, la porte s'ouvre et entre Monsieur le Commissaire. Elle se dit que c'est l'heure de rendre son verdict.

Comme un film Policier

La scène semblait tout droit sortie d'un film. La porte s'ouvre, laissant apparaître Madorho, seule avec son bébé en train de l'allaiter. Les pas de Monsieur le Commissaire s'approchent, son regard bien posé et charismatique est fixé sur Madorho qui continue d'allaiter. Les pas résonnent dans le couloir jusqu'à arriver devant la salle d'attente. Monsieur le Commissaire semblait ému ou bouleversé, et Madorho ne savait pas quoi dire. De manière inattendue, il aurait pu se cogner contre le mur, car son visage était tourné vers la gauche, fixant cette femme qui attendait son verdict tout en allaitant son bébé.

Monsieur le Commissaire entre dans son bureau, suivi de la policière. Après avoir remis le rapport, la policière quitte le bureau du commissaire et se dirige vers Madorho. Elle lui demande si son bébé se nourrit uniquement du lait maternel.

Madorho répondit à la policière en disant : "Comme vous pouvez le voir, madame, je n'ai ni biberon ni quoi que ce soit d'autre. Mon bébé ne se nourrit que de mon sein et il n'a jamais voulu prendre le biberon." Le bébé continuait de téter pendant ce temps.

La policière demanda ensuite le carnet de santé du bébé, que Madorho présenta comme étant son identité. Après avoir vérifié le carnet de santé de l'enfant, la policière posa quelques questions à la maman, telles que sa date de naissance et son lieu de naissance, simplement pour s'assurer qu'il n'y avait pas de faille. Une fois le carnet rendu à Madorho, la policière retourna au bureau du commissaire.

Selon Madorho, Monsieur le Commissaire semblait ému de voir une femme arrêtée par la police tout en allaitant son bébé à la garde à vue. Peut-être n'avait-il jamais été confronté à une telle situation auparavant.

Madorho pensait qu'il avait pris la bonne décision en ne séparant pas de son bébé, car cela aurait été une grande souffrance. La maman ne pouvait tout simplement pas accepter d'être séparée de son fils, c'est ce qu'elle a exprimé aux policiers lorsque ceux-ci ont mentionné qu'elle devrait retourner chez elle en Afrique, tandis que l'enfant resterait en France.

Sa copine était toujours présente, mais à l'extérieur parce qu'elle n'avait rien à faire au Commissariat de Police attendant avec impatience. Monsieur le Commissaire avait finalement décidé de libérer Madorho. Le scénario s'est achevé. Fatiguée, Madorho est rentrée chez elle avec son bébé. Elle a raconté cette histoire à ses enfants. Aujourd'hui, son fils, âgé de 29 ans, se souvient qu'à l'époque, il pensait que sa maman plaisantait, mais il réalise maintenant que cela aurait été une tragédie de ne pas grandir aux côtés de cette mère aimante.

Après avoir pris sa douche, mangé et mis le bébé au lit, Madorho s'est retrouvée seule chez elle. Elle a revu mentalement tout ce qui s'était passé, se demandant combien de temps elle pourrait vivre en France sans papiers. Vivre dans la peur constante d'être arrêtée était une souffrance pour elle. L'idée de rentrer en Afrique avec son fils ne lui semblait pas si mal.

Quelques jours plus tard, Madorho a été contactée par un autre service social spécialisé dans les problèmes des réfugiés. Cette rencontre s'est révélée être très favorable pour elle. L'assistante sociale lui a fourni les informations nécessaires pour obtenir sa carte de résident en France. Madorho s'est alors mise au travail, entreprenant les démarches nécessaires pour obtenir les documents requis.

Convaincre la personne qui était à l'origine de sa souffrance de se marier n'était pas une tâche facile. Madorho avait décidé de retourner en Afrique dans l'espoir de pousser l'homme à entreprendre lui-même les démarches pour le mariage. Après tout, il aimait son fils et ne voulait pas se séparer de lui. Cependant, quelque part en elle, Madorho ne ressentait plus le même sentiment qu'auparavant.

Un soir, Madorho a exposé le problème du mariage à cet homme, suivant les conseils de l'assistante sociale, et ils ont trouvé un accord pour aller faire la demande à la mairie. Madorho s'est chargée de l'organisation et a déposé les documents requis à la mairie. Une date a été fixée : le 22 janvier 1994. Ce moment nécessitait de la persévérance de sa part.

Le mariage a finalement eu lieu, mais Madorho restait sans papiers et continuait de travailler. Malgré sa situation, elle se raccrochait à sa foi en se disant que c'était Dieu qui la protégeait, car sinon, elle serait encore plus effondrée et risquerait de perdre son emploi. De plus, son fils n'avait pas droit aux allocations familiales en raison du statut sans papiers de sa mère. C'est également pour cette raison que Madorho refusait de donner à son mari le droit de percevoir ces allocations, craignant qu'il les utilise pour ses maîtresses.

Madorho avait un profond respect et admiration pour son employeur, mais elle était constamment inquiète d'être contrôlée un jour par l'inspection du travail ou la police en raison de son absence de carte de séjour. Elle se demandait quelle vie c'était, surtout pour son employeur. Cependant, de manière étrange, son employeur avait arrêté de lui demander son titre de séjour au moment même où sa demande avait été rejetée. C'était comme si la grâce de Dieu était sur elle. De tout cœur, elle remerciait Monsieur le Président Mitterrand pour son attention envers les plus démunis.

Le secours de Madame Bernadette Chirac

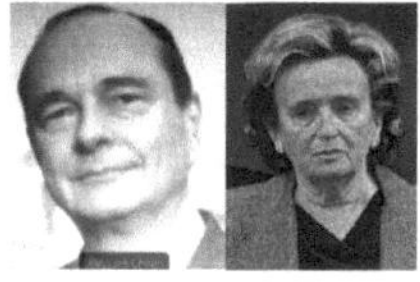

Monsieur Chirac Jacques

Président de la France de 17 mai 1995 à 16 mai 2007.

Né à Paris 5e arrondissement, le 29 novembre 1932.

Au fil des années, Madorho, qui aimait écrire aux présidents, a décidé d'écrire à Madame Bernadette CHIRAC en 1994 pour lui faire part de sa situation de séjour illégal. Elle a mentionné dans sa lettre qu'elle travaillait et s'occupait des personnes âgées à Neuilly-sur-Seine. Parfois, elle se trouvait confrontée à des difficultés pour répondre favorablement aux demandes d'accompagnement en vacances des personnes dont elle s'occupait.

Elle a donc sollicité son intervention auprès de Madame Bernadette CHIRAC afin d'obtenir de l'aide de la Préfecture pour ses papiers. Le courrier a été envoyé à la Présidence de la République. Dans cette situation, Madorho était préoccupée par les contrôles des inspecteurs du travail.

Madorho a toujours considéré sa vie en France comme une vie de dévouement. Lorsqu'elle repasse le film de sa vie dans sa tête, elle a du mal à y croire. C'est comme regarder le parcours d'une autre personne, marqué par une ténacité et un courage remarquable.

Madorho est naturellement encourageante et ne se contente jamais de rester les bras croisés. Même lorsqu'elle se retrouve au plus bas, elle sait qu'il faut simplement se relever. Il est important de rester optimiste et de savoir que des difficultés peuvent surgir, mais nous finirons par les surmonter.

Pendant qu'elle travaillait, une personne âgée d'origine italienne lui a proposé de l'accompagner en vacances en Italie. Madorho, qui aime beaucoup les vacances, considérait cette proposition comme une belle opportunité.

Malheureusement, elle ne pouvait pas accepter favorablement en raison de son statut de sans-papiers. Pour couvrir cette demande, elle a dû trouver une autre excuse, regrettant profondément de ne pas pouvoir profiter de ce voyage.

Les jours passent et Madorho reçoit finalement une réponse de Madame Chirac par courrier. Son cœur bat fort d'anticipation en ouvrant l'enveloppe et en lisant attentivement son contenu. Madame Chirac l'informe qu'elle a pris connaissance de sa situation et qu'elle a transmis son dossier au Préfet des Yvelines pour examen. Madorho ressent un immense soulagement et espère que cette démarche pourra aboutir à une solution favorable pour sa situation administrative.

Pour Madorho, exprimer sa reconnaissance envers Madame Chirac était très important, mais elle se demandait comment elle pourrait concrètement la rencontrer pour lui transmettre ses sentiments. Il est compréhensible qu'elle souhaite exprimer sa gratitude de manière plus personnelle.

C'est une excellente nouvelle que la correspondance de Madame Chirac ait eu un effet positif sur la situation de Madorho. Sa convocation à la Préfecture pour la régularisation de sa situation était un pas important vers une vie plus stable. De plus, le fait d'avoir accueilli son deuxième fils était certainement une grande source de joie pour elle.

C'est alors qu'elle pense à Madame Mitterrand en faisant la comparaison avec le courrier de Mme Chirac. Les socialistes disent aider et être proche des gens en difficulté, ce cas de Madorho était une découverte. A propos de Mme Mitterrand, Madorho s'est dit : sa lettre était tombée entre les mains d'un conseiller des mauvaises intentions a dû répondre à sa manière.

Internet

Un soir devant son écran d'ordinateur en 2006, Madorho décide de se rendre sur le site de la Présidence de la République de Monsieur Chirac, alors président, et se dirige vers la rubrique "contact". Elle commence à remplir le formulaire de demande de rendez-vous. "Monsieur le Président, je souhaite vous rencontrer afin de vous exprimer personnellement ma reconnaissance." Clic, c'est parti.

Après plusieurs mois, Madorho n'avait plus aucun espoir quant à sa demande de rendez-vous adressée à Monsieur le Président. Cependant, un jour, elle reçoit un courrier dans sa boîte aux lettres. En ouvrant l'enveloppe, elle découvre qu'il s'agit en réalité d'une convocation émanant du Commissariat de Police.

Elle s'exclame : "Ça y est !"

Le jour du rendez-vous arrive. Madorho se rend au Commissariat sans peur, mais confiante, car elle n'avait rien à se reprocher dans sa vie quotidienne. Une fois arrivée à l'accueil, elle constate que son nom figure déjà sur la liste des rendez-vous et qu'il a été signalé à son hôte. Elle voit alors un homme de grande taille s'approcher d'elle avec un air aimable, lui demandant de le suivre par les escaliers jusqu'au premier étage. Elle prend place, présentée par l'officier.

L'officier a ouvert le dossier et commence à poser des questions à la dame : "Avez-vous envoyé une lettre à Monsieur le Président ?" "Oui Monsieur", répondit la dame avec un peu de réflexion, car elle avait presque oublié cette lettre datant de longtemps. L'officier avait été mandaté pour prendre contact avec elle et discuter du but de sa demande. Il demande à Madorho quelle était sa motivation afin d'établir son rapport.

Après avoir exposé sa motivation à l'officier, elle lui pose la question de savoir si elle sera reçue par le Président Chirac. L'officier répond à Madorho que la décision finale ne dépend pas de lui. Une fois son rapport envoyé, la suite ne sera plus de son ressort. Il se contente de faire ce qui lui a été demandé. Madorho continue d'observer l'officier de police d'un air interrogateur pour déterminer s'il semblait sympathique. De son côté, elle reste calme, car sa conscience ne l'accuse de rien.

À un moment donné, Madorho remarque un classeur posé sur la table contenant des dossiers à son nom. Osant poser la question, elle demande à l'officier : "Est-ce mon nom qui figure sur ce classeur ?" L'officier répond : "C'est bien votre nom. Vous êtes celle qui écrit régulièrement aux présidents, comme je vous l'ai déjà mentionné en lien avec vos activités associatives. Rien de tout cela ne relève du service de police."

Les explications de Madorho concernant sa demande de rendez-vous avec Monsieur le Président de la République n'étaient pas tombées dans l'oreille d'un sourd. L'officier réitéra son rapport devant Madorho, insistant sur le fait qu'elle souhaitait remercier personnellement Monsieur le Président de la République pour le geste louable accompli par Madame Chirac en répondant à sa demande d'aide pour obtenir sa carte de séjour. Pour Madorho, c'était un fardeau de la voir et de lui dire "MERCI".

Madorho se demandait toujours pourquoi l'ancienne Première Dame ou ses collaborateurs étaient si désagréables, malgré l'acte honorable qu'elle avait accompli. Elle se demandait s'il n'existait pas de formules de réponse plus appropriées à une situation négative, selon l'opinion de la personne, afin d'éviter de choquer.

Madorho avait une grande foi envers les socialistes, car ils se rangeaient véritablement du côté des plus vulnérables. Cependant, ce récit a modifié sa perception des socialistes, à l'exception du Président Mitterrand. Le geste responsable de Madame Chirac avait changé des vies et était resté gravé dans le cœur de Madorho.

Monsieur Nicolas SARKOZY

Maire de Neuilly sur Seine

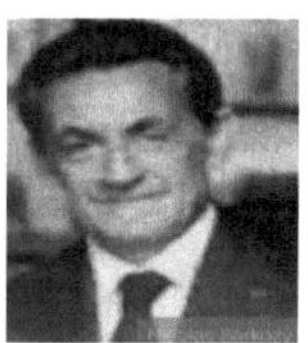

Nicolas Paul Stéphane SARKOZY de Nagy-Bosca,

Président de la France de 16 mai 2007

Né à Paris le 17è arrondissement, le 28 janvier 1955

À la naissance de son fils aîné en 1992 à Neuilly-sur-Seine, Monsieur Sarkozy, alors maire de Neuilly-sur-Seine, avait envoyé un courrier de félicitations pour la naissance de l'enfant, accompagné d'un cadeau de Baby-Book, étant donné qu'elle habitait à Neuilly. Madorho fut profondément touchée par cette surprise et ce geste.

Effectivement, tous les maires ne font pas ce genre de geste. À chaque fois que son fils regarde le Baby-Book, il se souvient de ce geste touchant. Ses deux autres enfants sont également nés à Neuilly, mais n'ont pas reçu de cadeaux parce que la maman ne réside, car il faut être résident de Neuilly-sur-Seine pour en bénéficier. Madorho était très attachée à son gynécologue.

En 2007, Monsieur Sarkozy est élu président de la République. À cette époque, Madorho, par le biais de son association cultuelle, décide de créer une société de sécurité et de gardiennage, incluant également des services de ménage, dans le but de fournir des emplois aux membres de l'église. C'était l'objectif de Madorho, une femme influente et créative, qui souhaitait apporter son aide à sa communauté.

Pour entreprendre, Madorho avait sollicité une Maison Expert-Comptable Agréée pour la création de la société. Selon Madorho, la Maison Comptable prétendait connaître toutes les démarches à faire, mais elle n'avait jamais accompagné un client dans la création d'une entreprise de sécurité et de gardiennage incluant des services de ménage.

En conséquence, le processus a pris plusieurs mois en attente d'obtention.

Par rapport au service de ménage, Madorho aurait dû suivre des formations à la chambre des Métiers. De plus, pour que la société puisse fonctionner légalement, il était nécessaire d'obtenir l'Agrément de la Préfecture du lieu d'établissement.

Cependant, le Cabinet Comptable n'était pas au courant de cette exigence, et Madorho a obtenu ces informations lors de ses rendez-vous pour conclure des contrats. Malheureusement, en raison du manque de l'Agrément Préfectoral, Madorho a perdu deux contrats de gardiennage.

Lors du premier rendez-vous, cette dame a effectué plusieurs vérifications et a constaté les problèmes suivants : Tout d'abord, la société de Madorho n'était pas enregistrée à la Chambre de commerce. Deuxièmement, la société de sécurité ne pouvait pas être associée à la société de ménage. Il était nécessaire de séparer les deux activités au niveau des statuts.

Troisièmement, il manquait l'agrément préfectoral requis. Madorho avait dépensé de l'argent pour le Cabinet comptable en pensant qu'elle aurait une solution clé en main.

Madorho est dirigée vers la juriste de ce cabinet d'Expert-Comptable, qui se renseigne auprès de la Préfecture. La gérante confirme à Madorho que c'est elle qui devait entreprendre les démarches pour l'agrément, mais cela s'avère être un processus long et complexe. Madorho dépose rapidement le dossier et après examen, il est accepté.

Cependant, pour recevoir le document final, Madorho devait recevoir une convocation des services généraux. Pour s'assurer du progrès, Madorho les appelait deux fois par semaine. Après plusieurs semaines d'attente, avec la crainte de perdre le client, Madorho prend la décision d'écrire à Monsieur le Président Nicolas Sarkozy.

Madorho se souvient que Monsieur le Président avait donné du courage aux chômeurs de longue durée et avait particulièrement encouragé les femmes à créer leur entreprise. Dans sa lettre, Madorho demande à Monsieur le Président Sarkozy d'intervenir en sa faveur, car elle ne peut pas exercer son activité sans l'agrément préfectoral requis.

"Monsieur le Président a répondu à la lettre de Madorho en confirmant son intervention auprès de la Préfète. Madorho reçoit également une confirmation écrite de la part de la Préfète, indiquant qu'elle a été informée de sa demande adressée à Monsieur le Président de la République. La Préfète assure à Madorho qu'elle fera le nécessaire dans un délai court."

Madorho se réjouit de l'intervention de la Présidence de la République. Dans sa lettre de reconnaissance, elle exprime sa gratitude envers des autorités responsables, à l'écoute et agissant de manière équitable, sans aucune influence quelconque.

De décembre 2007 à février 2008, Madorho avait obtenu le premier extrait Kbis, puis a effectué une modification des statuts en mars afin de séparer les activités de sécurité et de gardiennage du service de ménage. Suite à cette modification, elle a obtenu un deuxième extrait Kbis qui annulait le premier. Quant à l'agrément, Madorho a dû attendre cinq mois pour l'obtenir, grâce à l'intervention de l'Élysée.

Pour créer une activité de sécurité en France, il est nécessaire d'obtenir un agrément avant de pouvoir commencer. Madorho a été soumise à une enquête menée par les services généraux, qui ont examiné sa vie. Grâce à l'intervention de Monsieur Sarkozy, Madorho a pu fonder Rocher Sécurité en août 2008, une fois qu'elle a obtenu son agrément. C'est vraiment émouvant d'être soutenu par une haute autorité, et Madorho a exprimé sa gratitude en écrivant à Monsieur Sarkozy pour le remercier.

La persévérance est une force essentielle à entretenir dans notre quotidien. C'est un combat que nous devons mener. Nous devrions toujours avoir une certitude ferme dans notre désir d'atteindre nos objectifs. Il ne faut jamais abandonner et il est important de comprendre que des obstacles se dressent tout au long de notre vie. Madorho a toujours affirmé que « chaque matin, le souffle de vie que nous recevons renferme une histoire cachée, et c'est à nous de la dérouler pour lui donner vie » (dixit : Dorothée Basosila)

En raison de ces bonnes actions, Madorho ne pouvait pas rester silencieuse ni les laisser tomber dans l'oubli. Elle s'est dit à elle-même que l'écriture de ces actions accomplies par de grands hommes d'État était une façon de les remercier. Cette reconnaissance serait lue afin d'inspirer les hommes et les femmes de toutes générations.

CE QU'ELLE A RETENU DE CES HOMMES D'ETAT

Madorho avait une perspective différente concernant les partis politiques de l'époque, tels que le RPR ou l'UMP, et la manière dont ils abordaient les problèmes liés aux immigrés. Son histoire personnelle et les interventions de ces hommes d'État, ainsi que de leurs épouses, l'ont beaucoup appris.

François Mitterrand était effectivement un homme politique remarquable qui a exercé un pouvoir de direction en tant que président de la République française pendant deux mandats, de 1981 à 1995. Il était membre du Parti socialiste et avait une approche politique unique.

Mitterrand était connu pour sa capacité à rassembler différents courants politiques et à favoriser le dialogue entre les différentes parties prenantes. Il avait une passion indéniable pour la France et souhaitait la promouvoir et la développer.

L'une des réalisations les plus marquantes de Mitterrand a été sa contribution à la transformation de la France en une démocratie moderne. Il a également joué un rôle majeur dans la promotion de l'union politique en Europe, en œuvrant pour la création de l'euro et pour une plus grande intégration européenne.

Mitterrand était réputé pour sa rhétorique persuasive et sa capacité à s'exprimer avec conviction. Il était considéré comme un orateur charismatique et sa maîtrise de la parole était l'un de ses points forts.

Cependant, il est important de noter que les opinions sur les réalisations et l'héritage de Mitterrand peuvent varier en fonction des perspectives politiques et des opinions individuelles.

C'est une belle façon pour Madorho de résumer Monsieur Mitterrand en décrivant qu'il est une "grande école". Cela suggère que Mitterrand était une source d'apprentissage et d'inspiration, qu'il avait beaucoup à enseigner et à transmettre à travers son expérience politique et ses actions.

Ce terme met en valeur l'importance de l'héritage laissé par Mitterrand et l'influence qu'il a pu avoir sur les générations suivantes.

C'est un hommage touchant à Madame Bernadette Chirac. Selon les mots de Madorho, elle décrit Madame Chirac comme une femme de cœur, une maman, et une source de joie pour sa famille. Elle souligne également le soutien que Madame Chirac a apporté, en sauvant son emploi et en lui permettant d'avoir une source de revenus, mettant ainsi fin à la mendicité.

Madorho exprime sa gratitude envers Madame Chirac pour avoir contribué à sa transformation en citoyenne française, en merveilleuse femme responsable, capable d'assumer son rôle de première dame de France avec distinction. Elle souligne la capacité de Madame Chirac à protéger son mari, même dans les moments difficiles.

Madorho la considère comme une femme vertueuse et lui rend hommage pour sa beauté et son attrait. Elle la présente également comme un modèle de femme, intelligente et proche des enfants malades et des personnes âgées.

Madorho rappelle que Madame Chirac a donné généreusement avec son cœur et que son départ de la scène publique est dû à son âge avancé. Elle conclut en soulignant que Madame Chirac restera dans les cœurs des Français.

Monsieur Sarkozy est un homme d'action. Il dégage une énergie positive et est reconnu en tant que leader, travailleur acharné et organisateur. Il sait comment saisir les bonnes opportunités au bon moment. Pendant son mandat, on peut même dire qu'il était si absorbé par son rôle qu'il en oubliait parfois qu'il avait un Premier ministre. Cette caractéristique est inhérente à sa nature, comme en témoignent ses années universitaires, mises en lumière dans le film. C'est pourquoi, elle insiste sur cette facette de sa personnalité.

Le mandat de Monsieur Sarkozy est considéré comme le plus difficile selon l'auteure. Il a dû faire face à des défis importants tels que son divorce survenu en plein mandat en 2009, ainsi que la crise financière mondiale et la situation des militaires en Afghanistan. Cependant, pour son deuxième mandat, il a semblé gagner en sérénité.

Il est souligné qu'il est une force de croire en soi-même avant de recevoir le soutien des autres. Monsieur Sarkozy est décrit comme un homme courageux, imposant et particulièrement sensible.

Pour Monsieur Chirac, Madorho a retenu en lui un homme gaulliste, humble, respectueux et doté d'un grand sens de l'humour. Monsieur Jacques Chirac était considéré comme un leader persévérant. Madorho a été marquée par l'humilité dont il a fait preuve lors de la passation de pouvoir avec le président Mitterrand. Lors des dernières cérémonies, ils étaient tous ensemble, et Madorho avait observé en Monsieur Chirac une attitude correcte et respectueuse envers le président sortant.

Après son mandat, Monsieur Chirac a été confronté à des problèmes judiciaires et de santé. Cependant, les Français ont continué à lui témoigner leur affection jusqu'à la fin. Elle exprime le souhait que l'Assemblée nationale modifie la loi afin que, à la fin d'un mandat présidentiel, un chef de l'État puisse bénéficier d'une retraite paisible plutôt que de devoir rendre des comptes.

Effectivement, diriger un pays est une immense responsabilité qui empêche souvent de mener une vie normale avec sa famille. Les dirigeants se retrouvent également en première ligne devant leur peuple, devant prendre des décisions difficiles qui peuvent peser sur leur conscience, mais qui sont prises dans l'intérêt du pays.

Cette responsabilité pèse sur eux et les fait vieillir prématurément, car ils sont souvent confrontés à des nuits courtes et agitées. C'est pourquoi l'auteure insiste sur la nécessité pour les dirigeants de bénéficier de périodes de repos après leur mandat. Elle propose même que les députés puissent proposer une loi pour les protéger et reconnaître leur engagement à la fin de leur mandat.

Il est important de souligner que ces réflexions expriment le point de vue de Madorho et peuvent être sujettes à des opinions différentes concernant les avantages et les mesures de protection des anciens dirigeants.

Cependant, étant croyant se réfère à un passage de la Bible qui souligne l'importance d'honorer les autorités et de se soumettre à elles, car elles sont établies par Dieu. Elle considère qu'il est essentiel d'avoir du respect envers les autorités qui nous gouvernent et de les honorer. Insulter l'autorité est perçu comme une malédiction.

Son souhait était que les médias jouent un rôle en diffusant des émissions sur la citoyenneté. Elle estime que le manque d'éducation et les disparités de niveau scolaire sont des facteurs importants. De nos jours, avec la liberté d'expression, certaines personnes en profitent et les choses ont beaucoup changé. L'auteure pense aux générations futures et s'inquiète de ce qui se passe dans le monde actuel.

Il est important de noter que ces idées expriment la perspective personnelle de l'auteure et peuvent ne pas être partagées par tous. Les opinions sur la relation entre l'autorité et la société peuvent varier en fonction des croyances, des valeurs et des contextes culturels.

Madorho constate que depuis sa naissance jusqu'à l'année 2023, il y a toujours eu des guerres, ce qui lui fait peur au quotidien. Elle exprime le souhait que les autorités au pouvoir se réconcilient et cherchent à vivre en harmonie plutôt que de chercher à dominer les plus faibles.

Madorho se rappelle d'une visite du président Nicolas Sarkozy dans le fief de Madame Ségolène Royal. Elle félicite les bons exemples et les images touchantes qui en ont découlé. Même face aux huées, Ségolène a fait preuve de courage en réservant un accueil chaleureux. Le président Sarkozy, quant à lui, a su se montrer à la hauteur et a créé un climat positif, ce qui a été bénéfique pour lui.

Ce que l'auteure a retenu de ces hommes d'État peut varier, mais voici quelques points généraux qu'elle pourrait avoir retenus :

L'importance du leadership : Les hommes d'État ont démontré l'importance d'un leadership fort et efficace dans la prise de décisions et la réalisation de progrès significatifs.

L'impact des actions positives : Les actions positives entreprises par ces hommes d'État ont eu un impact réel et ont apporté des changements positifs dans la société.

La persévérance et la détermination : Ces hommes d'État ont fait preuve de persévérance et de détermination face aux obstacles et aux difficultés rencontrés dans leur parcours. Ils ont montré qu'il était important de continuer à se battre pour ce en quoi on croit.

L'importance du service public : Les hommes d'État ont été motivés par un sens du devoir envers le bien public et ont travaillé en vue de l'amélioration de la société dans son ensemble.

L'influence positive : Les actions de ces hommes d'État ont inspiré et influencé d'autres personnes, y compris l'auteure elle-même, à s'engager dans des actions positives et à travailler pour le bien commun.

Madorho estime que la fonction présidentielle est un fardeau très lourd à porter tout au long du mandat. Les présidents sont constamment jugés et surveillés dans tous les domaines de leur vie. Elle propose d'offrir aux présidents un cadeau de retraite sans précipitation à la fin de leur mandat, afin de leur permettre de se retirer dignement.

Elle appelle les Français à avoir un sens du pardon et de l'oubli, soulignant que voir un homme d'Etat fatigué traîné devant les tribunaux n'est pas une reconnaissance de la difficulté de cette fonction. Elle reconnaît cependant qu'il faut des personnes qui aiment et acceptent d'assumer cette responsabilité.

Ces hommes sur mon Chemin

Ces hommes que j'ai croisés sur mon chemin, grâce à mes écrits, ont tous construit des vies riches et significatives à leur manière par rapport à ma modeste personne. Pour moi, ce livre est un signe de reconnaissance que je leur manifeste. Cependant, une rencontre peut se faire par l'intermédiaire d'une personne, d'agences de rencontres, de communications, de voyages organisés, lors d'un vol, d'un trajet en train ou en bus., etc....

TABLE DES MATIERES

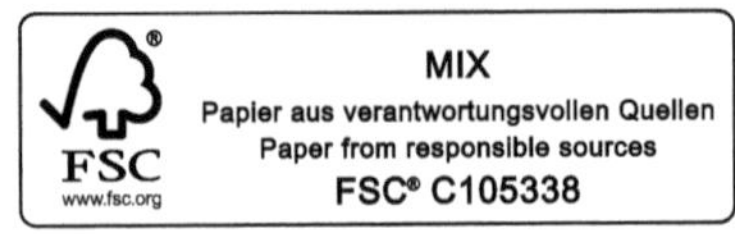

Printed by Books on Demand GmbH, Norderstedt / Germany